水と火

ジャン=リュック・ナンシー

吉田晴海＝訳

現代企画室

A l'approche
Feu

par Jean-Luc Nancy
Copyright © Jean-Luc Nancy, 2005

traduit par Harumi YOSHIDA
les droits de traduction sont directement négociés avec l'auteur

© Gendaikikakushitsu Publishers, Tokyo, 2009

目次

基本要素 ——————— 5

近接した地点にて ——— 11

火 ——————— 39

後記 ——————— 55

凡例
1、〔　　〕は原語の意味を補う場合、また訳語を言い換える場合に用いた。
　　また作者が含意しているものを補足する場合に用いた。
2、原文中の〝　〟付きの語は、「　」で表記した。
3、原文中のイタリック体で書かれた言葉に当たる箇所は、「　」で表記した。
4、書物名は、「　」で表記した。
5、原文中の（　）の部分は、原文通り（　）で表記した。
6、原語の参照が必要だと訳者が判断した場合は、訳語の後に（　）付きで原語を表記した。
7、欄外の註はすべて訳者による。

基本要素[*1]

二つのテキストが吉田晴海によりここで結び付けられている。互いに非常に異なったこれら二つのテキストが、ある同じ現実の二つの面、ある同じ人物あるいは同じエクリチュールの二つの相（aspect）のようなものを構成する可能性があると考え、彼女は選択したのである。これら二つのテキストの作者、序文のこの文面に署名をする者である私は、彼女が正しいのかどうか、特に、どのように、またなぜ彼女が正しいのかを述べるのに、必ずしも最良の位置にいるわけではない。というのは、書き、わたしの名によって署名をする「わたし（je）」の同質性がどこにあるのか、わたし自身が分らないからである。書いている者、あるいは書いているものは、わたしの意識と、また、わたしがわたし自身によって与えることができる可能性のあるあらゆる定義とは、異質の、ある仕組み、あるいはある動物＝生き物なのである。だからといって、それが単なる「無意識」ではないのだが、しかし、それは、いずれにせよ、ある〔音〕域＝能力（registre）に属しており、そして、その〔音〕域＝能力

に、わたしはひとりでいるのではなく、そこでは、多くの他のものがわたしに伴っている。他の人々や他の諸々のテキスト、わたしのものとは違う、あるいはわたしがもっとも親しんでいる文化のものとは違う表象たちが伴っているのである。個人のものでもあり、また集団に共通のものでもある他の諸々の「テーマ」、神話学、芸術作品、あるいは夢から出た他の奇妙な事＝物たちは、やってくる諸々の機会――それらの機会もまた外からやってくる――に応じて、ある日にはひとつのテキストを、他の日には、他のものをわたしに書き取らせるために、混ざり合おうと工夫を凝らす。

そうしたわけで、この本の中には二つのテキストが集められており、ひとつは、場あるいは諸々の場というテーマの共同作品のために依頼されたもの[*2]であり、もうひとつは、花火製造の手法を用いた芸術家の展示会に添えるために書かれたもの[*3]である。晴海がこれらのテキストの結び合わせに意味を与えることをわたしに依頼しているとき、彼女自身が画策することを選択しているこの結合に実体を与えることをわたしに依頼していることになるわけだが、

しかも、この結合のなかには、結果として、彼女自身の「無意識」と彼女が他のものたちと分有しているものである〔音〕域全体も介入しているわけである。彼女の場合、この分有は、わたしがよそ者であり続けている日本語や日本文化からとりわけ導かれている。これらのテキストが彼女の翻訳を介してなったものを、わたしは知ることさえできないし、感じることもできない。おそらく、これらのテキストは、最終的に、フランス語で（あるいは、これらのテキストが翻訳されている言語である英語やポーランド語で）話すことを仮定されているものとは別のものを語っている。

それゆえ、これらの複雑さに終止符を打ち、目的に──晴海に指定されている不可能で幻のこの目的へと──まっすぐに向かうために、わたしはこう言えるだろう、これら二つのテキストは、ひとつは水、もうひとつは火を、つまり、古代ギリシャで、哲学者たちの先人であった者たちの「生理学」が特徴的に扱っていた四つの要素のうちの二つを語っているのだ、と。

水と火、すなわち、休息と興奮状態のような動化、平静と激高、広がるものと立ち上がるもの、浸透するものとむさぼり破壊し尽くすもの。それらの両極は出会うのだろうか？　おそらく、それが少なくともしばしば言われていることである。だが、それらが出会う場で、何が起きるのだろうか？　ある和解、ある相殺＝中和、あるいは、ある対立、また互いの破壊だろうか？

わたしはこれらの問いには答えずにおこう。というのは、これらの問いには答えがないからである。出会いの地点においては何も起こりはしない、というのは、出会いは起こらない〔場を持たない（n'a pas lieu）〕からである。火が消えるか、あるいは水が蒸発する。消えた火は土となり、蒸発した水は、空気と化す。それらは、他の二つの要素である。

だが、空気と土が触れ合う場で何が起きるのか？　そこでは、植物が地から出る。植物は土から水を吸い、空気のそよぎの中で頭を下げる。したがって、これら二つのテキストの出会いによって、偶然

に何かが芽生えること、あるいは単に伸び行く（lever）ことを期待すべきなのである。それが、ひとつの新しいエレメント〔なのかもしれない〕？

ジャン＝リュック・ナンシー

＊1：古代において万物を構成すると考えられていた基本要素：地、水、空気、火。
＊2：《A l'approche》, dans Adelaide Russo et Simon Harel［dir.］| *Lieux propices. L'énonciation des lieux / Le lieu de l'énonciation*, Montréal, Presses de l'Université Laval, 2005.
＊3：《Feu》, texte français, trad. polonaise Malgorzata Kwietniewska, trad. anglaise Benjamin Cope, *Cai Guo-Qiang*, catalogue de l'exposition *Red Flag / Paradise*, Varsovie, Zacheta Narodowa Galeria Sztuki, 2005

接近した地点にて

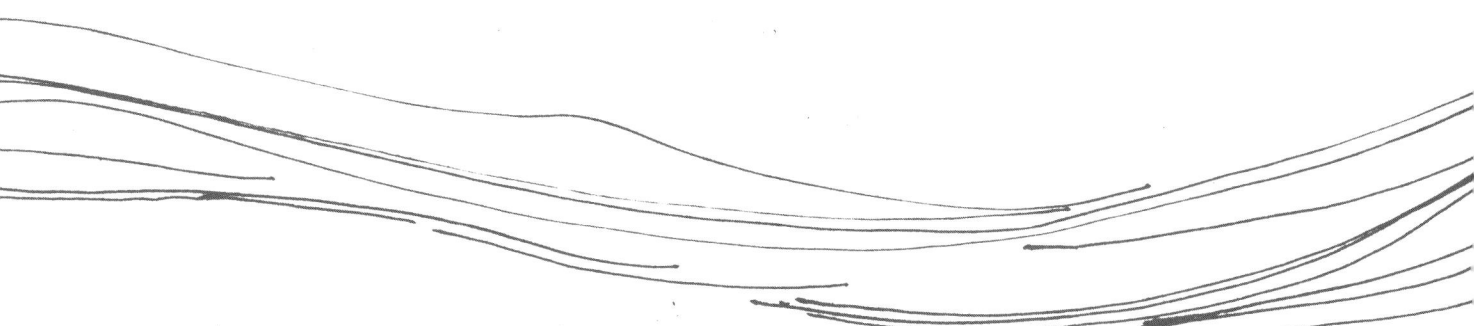

近接した地点にて（A l'approche）[*1]

1

　森の境界に位置したこの場（lieu）に私は接近する。
　ここ、木々、草地、山々の間に湖がある。湖、〔谷間にある細長い〕湖水、環礁に囲まれた浅い海のようなもの、欠如（lacune）、あるいは礁湖（lagune）、これは、なによりもまず、ひとつの彫られた深みであり、ひとつの穴、ひとつの大地にできた穴、ひとつの褶曲である。つまり、湖自体の前に、それを湖とするものがあるのだ。すなわち、湖に位置を与えるある分離、ある掘削作用がある。おそらく、その湖自体がこの分離、この掘削作用を行い、おそらく、雨水とかつてあった急流の水が、この穴の広がりを強いたのだ。だが、その湖は水ではない。その湖は、そこで水が集められたままで保たれている場なのである。

　その湖が、水とは別の掘削作用、たとえば、火山の火口の火により形成された可能性はある。だが、

[*1]：題名のA l'approcheはフランス語の慣用表現であり、Le train est à l'approche. と言う場合には、「電車はまもなく到着する」、という意味になり、A l'approche d'elle, il est heureux. と言う場合には、「彼女のそばにいて、彼は幸せだ」、という意味になる。

その湖は火口ではない。それは、その湖は火を伝導せず、むしろ、火を沈下する水を古い火口のなかに集結させているものだからである。

　小石で覆われた岸にいきなり道を譲る森を出つつ、私は私に近づく。

　岸それ自体は、湖のひとつの接近であり、一方、わたしがそこを出てきたばかりの、湖の向こう側、私の真向かいにある、こちら側と同じ森──実際には同一のものだ──は、小石で覆われた岸の接近のうちに（en approche de）形成されており、その岸の上では、ざらざらとした砂で覆われた地への岩岩と砂利のはげしい勢いを促すために、あらゆる植生が終わっている。
　私は移るのだ、隠され覆い尽くされ、表からは見えない湿った地の腐植土から、岩岩に満ち、乾燥し、表面に現れ、輝き、ざらざらとした手触りの埃っぽい地へと。

　木々の頂、左から右へと私の視界をふせぐ線をもつ穏やかに傾く斜面に沿って、低い雲のいくつかの断片がかかり続けており、それらの断片は配置している、朝の起床の時刻、霧の中からあらわれ出つつ

ある地と天の間の、ある接近を。湖がここでその反射によって二重映しにしている、地と天、それらの原初の分有、分裂、区別を。

　右手にはもう一つ別の丘が切りに来ている、長くしなやかに傾斜する背景を、その丘のさらに暗い面と、岸の上に落下して止められている、さらに丸みを帯びた曲線によって。取り囲むすべてのものからその高さゆえに孤立し、周りから切り離された一本のもみの木は、その特徴的なシルエットを掲げ、くっきりと浮かび上がらせ、わたしの視界の右端にひとつのはっきりとした区切りを、縦長の三角形を立ち上げている、そしてその縦長の三角形は、複数の〔山の〕曲線――それらの曲線は、互いに呼応し合い、〔風景の〕額縁を超えて、山の雄大な山塊の広がりを通して、際限のないそれらの曲線の繰り返しを思わせている――の広がりに延音記号[*2]を与えている。

　私は今、さらに良く見分けている、湖岸を見下ろす高みが、どれほどむき出しの岩岩、それらの間にある木々のまばらさが、森と呼ばれるものを形成するのを止めている、そうした岩岩によって作られているのかを。岩岩のむき出しにされた、重々しく険しい様相は思わせる、岩岩の不毛さを、腐植土中に

*2：フェルマータの記号の形

深く張った根の不在を、また、このように地が吸い込まない水を溜め込むことのできる、防水性の水槽となる潜在的な形状を。それと同時に、斜面も刈り取られ、ほとんど皮をむかれたような状態だ。木々のまばらさは何か不毛なもの、病弱そうなもの、厳しいものをもっている。

　ただ単に内に留め置かれ、引き留められている水。不動化されてはいるが、凍ってはおらず、凍る可能性のうちにある水。すなわち、凍った凝結状態が接近している水。計算不可能な厚みのうちにある、秘密の、隠された深みのうちにある水、そして、まさにこのために、ひとつの表面——その表面上には、森や砂利の不明確な影のそばで、天が自己の霧からの開放を映し出している——のガラスのようになった透明な断片と帰している水。流出がなく、うねりのない水、ほとんど液体でない水、大河や海が成しているような運送（transport）も、通路も成さず、留保、秘密、深み、処女性を成している水。

2

　池は、池のものであるその曲線のなかで自己を完成する。その曲線は私の左で閉じてはいない、とい

うのは、その周囲全体を見渡すには、私は端近くに進みすぎてしまっているからだ。ある仕方で、私の視界はそのあらゆる面を含んだ全体から来るものを忘れている。すなわち、その湖が終わっている〔有限である〕のかどうかを、あるいは、湖が、水の流れのなかで、際限なく〔無限に〕流れ出ているのかどうかを知ることさえ、もはや問題ではない。有限と無限との間で、境界と開口との間で決定することがもはや問題ではないはずである。この不決定は、私の視界がそこから場を持つ＝生起する（avoir lieu）場に、イメージの場に属している。

　実際に、境界と開口とが識別できない、まさにその地点まで私の歩みは私に近づいたのだ。まなざし（regard）の隔たり、広がりが私の前に向かわず、後ろへと向かう一点、すなわち逃れる線と完全に合致しなければならない、その地点まで。前方では、湖岸がその急転を行い、湖岸それ自体で自己にたどり着き、わたしに極限を定着させる、水の触知できない輝きが、周辺の土の、次いで森の確実性に身を譲る極限を。だが、後ろの方では、わたしが背を向けている現前し得ないもの（l'imprésentable）に対して開かれていることにより、すべてが可能となっている。わたしの背中で不在のひとかたまりは自己の厚みを増し、且つ自己を一掃している。

このように、場の中心＝心臓部に、ひとつの忘却として何かが自己を構築する。すなわち、場の位置を突き止めるものに対して、場を捉えにきた私自身の現前性（présence）に対して、場は自己を閉じ且つ自己を開くのだが、なぜそうであるのか、なぜ私はやって来たのか、それは忘却されたままである。

　なぜ、私は**そこに** (y) 来たのか。すなわち、ここで私を発見するまで、なぜ私は私に近寄ったのか、そこから私がこの場の位置を突き止めるまさにその地点――その地点とは、この場の位置づけそのものを私にするところであり、私がその場に場を与えるところである――まで。――なぜ？　それは問われるべきではない。

　だが、それでもやはり、私は**そこに** (y) いる。すなわち、この場所（endroit）に、この地点のうちに、地理的な座標と座標とのこの交叉点のうちに、その数値データを私は知らないが、私の位置（position）から、私、ここで、ここというものの、ここというもの自体に私を還元する私は、完全なし

方でその交叉点を定める。私は、私の「私はそこにいる」の**そこ** *(y)* というものとしてしか、ここにいない。私の位置の、私の現前性（présence）の、そして、私の見通しの、この絶対的で、代換え不可能なこの点性＝点であること（ponctualité）が、場をその場自身に対して完璧なし方で開く。だがそれと同時に、この位置決定（localisation）の、つまり、私のヴィジョンの、私の視界の、そして見ている私自身の起源そのもの、この起源は、この起源を固定させる原初の不可能性のなかで失われる。

「私は考える、ゆえに私は存在する」のではなく、「私はそこに存在する、私はそこで考える」のである。すなわち、思考されたものは、**そこで**自己を見つけ、思考は**そこで**思考の固有の重さを持つ。

そこに *(là)* いるという私の理由は、この「そこ *(là)*」である**ここというもの** *(l'ici)* 自体のなかで失われる。**そこ**にいるという私の理由は、その湖の底に溺れる。

その場のまさに中心で、ある忘却が、理由（raison）としての場の不在に対して場を開かなければならない。すなわち、底＝根拠（fond）、根拠をおくこと（fondement）、根拠化すること（fondation）としての場の不在に対して。湖の深みは、湖の存在理由を呑み込み、岩を呑み込み、そして、水それ自

体は、その地質のもろもろの秘密を、湖の女性たちとあらゆる種類の水に濡れた妖精たちに満ちたもろもろの物語と同様に呑み込む。

　まず、場とは、場それ自体の外の場それ自体のこうした開口以外のものでは決してない。空間と時間のある交叉のなかで、時間の圧縮のなかで、あるとき＝契機（moment）、ある中吊り、なんらかの永遠のなかで、場は場の空間性を、——場の大きさ（dimension）を、場の位置決定（localisation）を追い払う。同時に場は、空間の配置のなかに時間を集め、包み込む。それは、継続した時間が動かなくなったのであって、絶対的なものとなったわけではなく、凝固し〔開口部が〕広げられたのである。空間と時間は、一方が他方のなかを通過する、このようなものが場なのであり——そこからはなんらかの同一性は生じない。そこからは、自己自身とある差異が生じるのである。場は、場をもつこと〔＝起こること〕の可能性に対して自己を開く。

　たとえそれが、場（lieu）それ自体、ひとつの**「ここ」**のそこにいるということ、にすぎなくとも、なにものかが過ぎ去る〔起こる（se passer）〕こと、これが、場が許すもの＝こと、あるいは、場が約

束するもの＝ことなのである。なにものかが、そこで、自己を前に‐引き出す（pro-duise）こと、つまり、そこに、自己の前に自己を持っていくこと、ek-siste、また、私が、**そこで私を見つける** *(m'y trouve)* こと、つまり、**わたし** *(je)* が、**そこ** *(y,)*、その分岐、**そこ‐ここ** *(y-ci)* という分かれ目の恩恵で（grâce à）、自己を見つけること、なのである。

3

　いかなる形象も水から生じはしないだろうし、いかなる構想力（imagination）も繰り広げられはしないだろう。それは、その場のイメージはその場にとって十分であり、私の視界（ma vue）にとって十分だからである。わたしは、侵入することなしには、この近さまで（jusqu'à cette proximité）よりも、その先に行くことはないだろう。わたしは、場の秘密を見抜きはしないだろう。見抜くべきものは何もないからである。それは、神秘は表明そのものであり、位置決定であり、そこにおいて、わたしがわたしに近づく近さだからである。

水の表面が、天──それは、まったく近い遠方以外の何ものでもない、その遠方へ向かって、あらゆる表面が、表面であるために自己を配置している──によって自己を照らしているように、神秘は、それ自身によって自己を照らす。天は、ひとつの地を区別し、かつ、配置する可能性以外のものでは決してない。このように自己を照らすものは、その場の固有の差異以上の何ものでもない──また、それ以下の何ものでもない。ここにある‐この場（ce lieu-ci）であり、なんらかの他の場ではない。なぜ、ある他の場であるよりもむしろ、ここにある‐この場なのか？　わたしがあなたに忘却するよう願うのは、このことなのである。

　場の、その場自体との差異、ひとつの出来事の──しかも、ひとつの出来事でさえなく、ほとんど知覚し得ない、ある単なる（完全に不動では決して、無い空気と接触している水の非常に細かい波紋以上の射程も、結果もない）通路（passage）の──可能性、それのみならず切迫（l'imminence）、まさにこうした差異が、場の神的な性格を告げているのだ。

　神的なのは、その内部において、ある還元し得ない差異が開かれたばかりの要素である。それは、そ

のことが、保たれているある開口部について証明するからである。おそらくそれは、ある傷、あるいは、ある開口、ある裂開、あるいは、ある逃れたものである。場は、場が自己に開くもののうちにおいて神的なのであり、そして、場は、自己を開くことによって、場自体のうちにおいて区別するのである、開口部を、開口部を解して通過するものを——開口部から出るもの、あるいは開口部に進入するもの、ある信託、あるいは、ある恍惚／忘我＝脱自（extase）を。

　場が区別するものが区別されないままに留まっているとしても、湖の深み、あるいは森の深みが、ここでそのように留まっているように見えるように、場は区別をする。場は、場自体では、区別されない。それは、場は、なによりもまず、場のうちにおいて、場によって、場を通して、ある可能性を区別するからである。「場の特性＝神（génie du lieu）」と名づけられているものは、この可能性以外のなにものでもない。すなわち、なにものかが通り過ぎ去ること以外のなにものでもない。ところで、こうした可能性は、計画されることも、整備されることもできない。人が、ひとつの場の合目的性を決定するのではない（それは、多くの都市計画家たちの、造園家たちの、建築家たちの過ちである）。人がただできるのは、場のもろもろの可能性のために、場が自己を配置するままにさせることである。人は、そ

の場に場を与えることができる。これが、住むこと（habiter）、あるいは、区切られた空間にすること＝熟考すること（contempler）*3 と名づけられていることなのである。

　おそらく、場には適したいくつかの配置＝傾向（dispositions）があり、また、場のいくつかの明らかな特質がある。それらは、あるもてなしの、ある寄せ集めの、そして、ある蓄えの空間を、われわれの前に配置する特質である。引き留め、かつ同時に解き放つ開口部。湖、林間の空地、広場、アトリウム〔atrium：古代ローマにて中庭付きの広間の意味〕、中庭。place という語そのものは、「空間的な要素」あるいは「〔空間の〕延長」という、広義な意味とは違い、フランス語で、限定された意味作用を受け入れている。すなわち、場所（endroit）、位置（place）、所在（emplacement）という意味でのひとつの空間である。「place ＝場所／位置／所在」とは、場─をもつこと〔l'avoir-lieu：起こること、〜する理由があること〕という、とりわけ都会的な要素である。よく配置された place ＝場所／位置／所在は、いくつかの可能性に、そして、何も決定されていないものに場を与える〔に理由を与える（donne lieu à）〕。人は、そこで出会い、そこを通過し、そこで再会する。place ＝場所／位置／所在は、とりわけ、接近のための都会的な場である。というのは、住居や事務所とは違い、支配においてよりも、むし

*3：ラテン語 contemplāri ｛co- ＋ temolum 区切られた空間、聖域｝

ろ接近において人がよく使用する場だからである。喫茶店は、保護された place ＝場所／位置／所在である。Place〔場所／位置／所在〕、喫茶店、遊歩道、大広間は、「裏」のない、隠れた面のない、下部のない、秘密のない「場所（endroits）」である。place は、真理として、明白なものとなるよう、明らか（patéfaction）*4 となるよう運命づけられたものである。

4

　ひとつの場所（endroit）をひとつの place ＝位置／所在とするもの、ひとつの場に場を与えるもの、場の接近をわれわれに示唆するもの、それは、まず、それらをひとつの用地（Site）とするものである。この語は、観光によって損なわれたが、この語に、再度、配置の、もてなし（accueil）の能力の、さらには、潜在的歓待の意味（それは、ネットサーフィンの使用がこの語に復元する傾向がある意味である）を与えなければいけない。*Situs*、に所在する *(sis)* もの、それは、位置され、置かれ、配置にゆだねられたものである。傾向としては、site は見捨てられている。site は、見捨てられたままの場の状態でありえるだろう。場を持つこと／起こること（avoir lieu）、それゆえ、**そこで行われる**〔＝そこで

＊4：ラテン語の名詞 patefactio（隠れていたものを明らかにすること／公開すること）を元にしたナンシーの造語

通り過ぎる〕こと（s'y passe）、それはもはや何ものでもなく、それは放棄（l'abandon）なのである。

　だが、放棄は何ものでもないわけではない。放棄は、もろもろの影響力／支配から、もろもろの占拠から、もろもろの自己固有化から、もろもろの父性から、そして、もろもろの母性から免れて〔＝守られて〕いる──だが、放棄は開いているのだ、熱情や愛に対してと共に、見捨てられた状態や、苦しみや、真理のすべての種類、すべての面、すべての相に対して。

　湖の奇妙な──両義的で、熱を欠いた、威嚇的でさえある──魅力は水の中に見捨てられた無言の誘いにある。問題なのは、泳ぎではなく、おぼれること、底に沈むことである。人は海の中で泳ぐ。すなわち、人は、海の要素、動き、波しぶきを分かち合う。だが、湖は、ほとんど乱暴に、平手打ちを伴うように〔ぴんと張り詰めたように〕多量の液状の沈黙の上で、自己を開くと同時に閉じる。

　このように、湖は、ある接近として湖の岸を配置する。すなわち、人がそこから乗り込む海岸ではなく、人が放棄の端にとどまる、ある境界として。すべては、人がときとして、詩、あるいは思考、ある

いは愛と名づけるものを意味するときのように起こる。たとえば、啓示は差し迫っているのであり、啓示は、この切迫の内で中吊りになっているのであり、啓示は全体的に啓示の接近の方向に向かっている。結論として──終わりはないのだが──判明するのは、切迫（imminence）は、それ自体が啓示なのだ、ということである。軽い触れ（frôlement）が真理なのだ。愛の真理は愛の接近であり、愛の知らせ（annonce）（「私はあなたを愛している」）、であり、また同様に真理への愛であり、真理そのものなのである。これが、「愛─知 philo-sophie」という語の意味なのである。

　詩、思考あるいは愛。この同義語は何を意味しているのだろうか？　なぜ、唯一つのものに対して異なった語が？　それは、このものが、まだそこにないからであり、このものが、その場の端の上にとどまっており、そして、その端におけるこの維持が、このものの存在そのものだからである。このものの現在とは、このものの、**まだないこと**（son *pas encore*）なのである。

　場（lieu）の真理は、この切迫の中で保たれていることが明らかとなる。すなわち、現実のはずれで、有効性の端まで導かれた可能性の中で。というのは、そこでこそ、またそのときにこそ、現実はも

っとも強烈になるからである。それは、現実が現実そのもののきざしであり、また現実そのものの接近、現実そのものの約束であり、また現実の威嚇であるときである。現実が、現実の震え（frémissement）であるとき。触れるということ（le toucher）が自己を打ち消し、触れるということがもはや触れること（toucher）を感じられない現前性の中で、現実がすでに触れてはいるが、現実がはまり込んでいない〔置かれていない（n'est pas installé）〕ときなのである。

5

　写真は、この触れることである。写真は、触れるということの内奥の隔たり（distance）を開き、この隔たりを介して、触れるということは触れることができる。すなわち、この隔たりを介して、つまり、この隔たりのおかげでできるのだ。観察するためでも、レンズによって距離を保たせるためでもなく、写真は面前にとどまる。ここで問われているのは、客観性でも、客観化することでもない（しかも、主観化以上の問題でもない）。写真は、離れて「自己を保って」いるのではなく、写真は、距離というものを保っている。まなざし（regard）が距離を保つという意味で、まなざしそれ自体が、私から

物の方へと、物から私の方へと伸びるという意味で、写真はまなざしを具現している。このように、それら〔物と私〕の相互の接近に置いて、それぞれに場を与えることによって〔写真はまなざしを具現している〕。

　まなざしは接近するがゆえに、触れるのである。まなざしは湖のそばに、石ころの、木々の、霧の断片のそばにやって来る。まなざしは、水の微細な波に抗してやって来、それらの微細な波の震えとぴたりと寄り添う。接近、それは、じかに、端＝岸にやって来るもの、それは、触れようと近づいてくるものである。だが、触れるということは、自らを撤回する。それは、触れるということが触覚そのものだからである。触れるということは、入り込まず／浸透せず、触れるということが接するようになる表面の何も乱しはしない。だが、触れることによって、そこに触れることによって、接するようになることによって、触れるということは、触れると自らを引っ込める擬態の植物ミモザがするように、触れることの諸々の端／岸を撤回する。

　このように、写真は触覚的である。それは、写真は触れるからである、場の表面全体に、皮膚の全体

に、あるいは外見／皮に、表層に。すべての外被に、すべての輪郭に、すべての覆いに。写真が場を展開するのは、それは、写真が正確に再構成し、撤退させる、これらの外観を、写真のうちで丁寧に広げることによってのみである。絵画はしみや形の数々を置く、絵画は表面を広げて見せ、構成し、厚くする。写真は置かれたままにし、軽く触れ、引き下がる。絵画は物を創り、物のうちに宿り、写真は、与えられた物に近づき、その与えられたものの接近を示す。

　写真は示している、物は与えられているのであり、そしてこのために、物は距離を置いたままでいるのだ、ということを。与えられているもの（le donné）のもつ贈与行為は、そこに、その場のなかにとどまっている、——あるいは、おそらく、むしろ、贈与行為とは場それ自体なのである。与えられているものの背後に贈与があり、そして、贈与が「ある」ということ（l' "il y a"）は、もつこと‐場（l' avoir -lieu）〔場をもつこと／起こること〕なのである。この、もつこと‐場〔場をもつこと／起こること〕は、隠されたままでいるのではなく、接触との隔たりのなかで不可視の状態で、かつ触知できない仕方で開かれているのである。フィルムの上に、感光性の小さな皮膜の上にやってくる光——すなわち、情報のもろもろの単位として分析によりピクセル化される光——この光は、表明し、とどまらせる

のだ、光の贈与を、光の天啓を、光を宣言し光を作動させる「光あれ」を。「光あれ」は、行為における区別＝栄誉（distinction）であるがゆえに、神的なもの（崇高なものであると、Longin [*5] は述べている）なのである。

　それゆえ、接近とは、常に到達の外（hors d'atteinte）に〔届かないまま〕とどまるものの接近なのである。あるいは、一度達すると、このこと――すなわち、到達、そうである、達すること（l'accès）、つまり、それもまた接近なのだ――以外のなにものでもないことが明らかとなるもの、の接近なのである。現れるべきでも、接合されるべきでもないものの、いまだ際限のない切迫なのである、というのは、このことは、どこにもなく、結局のところ、このことはまったく存在していないからである。このことは、存在させ、このことは存在するままにさせるが、このことは存在しない。存在しないものに、人は常に接近する。存在すること／あること／存在（L'être）、それがあるのならば（s'il y en a）、人はそれに接近しない、人はそれにぶつかるか、あるいは人はそれを捉え、人はそれを破壊し、人はそれを回避する――だが、それは近接点と共になのだ。

＊5：(Cassius Longinus), c.213–273 新プラトン派の修辞学者、哲学者。Bibliography of the Essay on the Sublime（1967）

場の意味〔場という質（la valeur du lieu）〕は、近似値〔接近された値（valeur approchée）〕である。近似値は、近接する質（valeur d'approche）である。人が、もろもろの場の上にやって来ると、ひとつの視界＝見られたもの（vue）が開かれ、配置され、存在者（l'étant）の全体ががわれわれの傍らにやって来る。存在者の全体は、われわれがそれとなったスクリーンの上に配置される。

6

　まず、わたしは目を細めながら遠ざかる、そして目を見開きながら近づく、わたしは再度接近し、そして距離を保つ。わたしは腹〔母体〕から出、世界を眼前に、まなざし（regard）の届くところに置く。このようにしてひとつの世界が到来し、このようにして、わたしはひとつの世界をもつに至り、そして、わたしにとってひとつの世界が場をもつに至り、世界というもの、が場をもつにいたる、そしてそのつど、存在者の全体は、私に適した（propre）距離にまるごとそっくり置かれる、わたしの視点（mon point de vue）――それは、視界／視線＝見られたもの（la vue）そのものであり、絶対的な視界／視線である――からまるごとそっくりまざまざと見られるのである。わたしはそのつどすでに、コス

モテオロス *(Cosmotheoros)*〔世界の全体を視野に入れることのできる理想的な存在＝神〕なのである。遠近法はない。それは、すべての遠近法をまとめるあるもの、ある実測図が常にあるからであり、そしてそれが、世界の現在の全体に対するひとつのまなざし（regard）を、ひとつの考慮（égard）*⁶ を作るものなのである。

ここを差し示しなさい〔現在化しなさい présenter〕――そうなのだ、だが、**ここ**は、そこ *(là)* のもつ真理である、**ここ**自体の真理であると同様に、あそこ *(là-bas)* の、また、**他の場所** *(ailleurs)* の真理なのである。というのは、**ここ**にあるもの、それは、本来的に、そこというものであり、それは、幾分かのそこというものがあるという、またいくぶんかの**ここ**というものがあるという可能性なのであり、また、そこであるものがそこにあるという可能性であり、そこで（y）は、あたかも、それが**ここ** *(ici)* であるかのようにあるのである。

接近は、そこ（là-bas）に**ここ**というもの *(l'ici)* をもち、且つここ（ici）に**そこ** *(là)* をもっている。わたしがいるそこ（là）を、つまり、わたしが**そこ** *(y)* にいる＝到達しているそこ（là）〔という場〕

*6：古フランス語の esgarder は、眺める、気を配る、という意味になる é- + garder

を。「〔わたしは〕分かった！」を意味するのに、フランスの日常語で「わたしはそこにいる！（"J'y suis !"）」と言う。つまり、わたしは到達したわけである、必要であったそこに、理解する＝見ることが問われているもののための視線／視界＝見られたもの（la vue）の正しい場に。

　見られる／理解されるべきものが世界であるが、世界は、われわれにしっかりと見せて〔理解させて〕いる、見る〔理解する〕ものと、見られる〔理解される〕ものが場をもつ／起こるのは、他なるものを介してのそれぞれの接近のうちで、また、他なるものへのそれぞれの接近のうちでのみなのだ、ということを。この接近は、無限である――文字通り、また、現働的（actuellement）に無限である。潜在的にではない。それは、かならずしも、段階的な距離ではなく、帰着されうる終結のない距離である。それは、無際限に現在である隔たりなのである。それは、切迫したままの、ある内在性の切迫なのである。それゆえ、内在性の切迫は止めはしないのだ、超越することを――透けて見えることを、すなわち、明るみに出ることを。

　達し得ないもの、接近という絶対的なトランスポール＝陶酔（transport）、まなざしの距離、きわめ

て語の本来の意味における、カメラではなく写真の触覚、それらは示しているのだ、どれほど接近が深みに近づくかを、そして、どれほど深みが底なしであるかを。

　底なしの湖は、眼球のないまなざし、視界（vision）のないまなざし、そのまなざしが、わたしをまざまざと見る、わたしの前に世界と、世界の底の不在を開きつつ。それは、不在の天（ciel blanc）の不在の像（reflet blanc）——天としての、ある不在の像なのだ。見られたもの（la vue）はもはや、見ること＝見方（vision）にも、視野（perspective）にも、両眼視矯正法（orthoptie）にもならず、考慮（considération）や区切られた空間化＝熟考＝熟視（contemplation）となる。それは、占いのためにひとつの**神殿** *(templum)* を描くこと、鳥たちの飛翔の、あるいは鳥たちの不在の、霧の通過の、あるいは非通過の観察、それのみならず遵守なのである。

　見られたもの＝視線（la vue）は場に従う。接近しつつある視線は、視線が見るものの近くにくる、というのは、このことは、視界＝見ること（la vision）そのものと同じ場で行われるからである。共に、光と写真は触れ合う。それは、その接触の微細な内奥の違いの中での、光と写真の接触**そのもの**

が、その接触固有の触れが宙吊りにされた切迫の内における光と写真の接触そのものが、同一のものを二つに、世界とわたしに分離するからである。

世界とわたしの後には神が残る――だが、神は世界とわたしの間の分離以外のなにものでもなく、神は、場という、神の場 - をもつこと（l'avoir-lieu divin）であり、その場のおかげで、わたしは世界に所属し、全体としての存在者は、存在者の現前性のなかにわたしを包含することによって――このように、わたしの上に、そして、わたしに反して、わたしとは逆に、わたしを返送することによって、わたしに自らを提示する。

インスタントの、写真。すなわち、わたしの代わりの、世界。

　というのは、世界、開かれたもの、大きな間化（le grand espacement）、それがわたしであり、それがわたしの拡張、わたしの膨張、わたしの遠ざかりだからである。それが、わたしの出発であり且つわたしの到来なのである。それが、わたしの行き来であり、それがわたしの接近であり、それがわたしに

接近するもの、なのである。

7

　世界は、そのつど、私のものとして場をもつ —— 世界内的な（mondain）、世俗化された（mondanisé）、世界化された（mondé）... 世界に、わたしがそのつど場をもつのとまさに同じように。

　そのつど世界のモナド、そのつどモナドたちの世界。すべてが、間表現化され（entr'exprimées）、すべてが、内部に吸収され（intussusceptées）、すべてがもつれ、そしてすべてが、はっきりと異なった（distinctes）、あらゆるモナド（世界）。すべては間局地化され（interlocalisées）、あるモナドたちは他のモナドたちの中に、他のモナドたちはあるモナドたちの中に場をもっている。他のモナドたちの中で取られた、あるモナドたちの写真、あるモナドたちの中に焼き付けられた他のモナドたちの写真。

　モナドたちの間で増殖された仕切り、そこでモナドたちすべてが接しているモナドたちの仕切りに対

して開かれている場、広大な場。それらもろもろのモナドたちの間のいたるところに滑り込み、モナドたちの非常に繊細な膜が触れることを容易にしている場。それらモナドたちの薄膜、微小な表皮が、われわれの間の、世界と世界の間の接触する表面が、ある開口の時間を含むために、非常に繊細な膜に引き伸ばされた諸々の場、そのつど再取され且つ賭けられている唯一の時間、再び捉えられ、再び枠組みされた唯一の時間、ある新たな凍結で、ある新たなガラス質の気分で覆われた唯一の視線＝見られたもの（vue）の時間を含むことによって。

　視線／視界＝見られたもの（la vue）も、そのように見えることも、ここでは賭けられてはいない。なぜなら、現象学は、存在がトポロジックであるところで、存在する場をもたないからである。視線／視界＝見られたものではなく、接近なのである、すなわち、そこ（là）から、決して出ることのない、見る〔理解する〕ことの無限の接近なのである——そこにおいて、且つそこから、存在が接近するこの**そこ** *(là)* から、見る〔理解する〕ことの表面を通り過ぎ、且つ、その者の**ここ**を、際限なく洗い落とす、この**そこ** *(là)* から。ここ自体、わたしが座るここを〔際限なく洗い落とす、この**そこ** *(là)* から、決して出ることのない、見る〔理解する〕ことの無限の接近なのである〕。

火

火 (feu)*¹

*¹:"feu"には、火、兵火、火刑、発火、発砲、花火、明かり、信号灯、熱情、恋の情熱などの意味がある

　木の導管から　あるいは　打ち上げ花火の後方部の開口から　強いられて逃げ出す　炎　火花　焼け焦げ　燃焼　炭化　火　破壊　閃光　輝き　爆発　破裂音　引き裂き　空気の抜ける〔しゅうしゅういう〕音　好戦的で　戦闘的な火　「火を！」という号令　回転する火に平手打ちをくらわす号令　火の洗礼　小火器　燃える矢をもつ　恐るべき発明品　矢は燃えている　黒色火薬により点火された　爆発の力によって　それが　遠方へと投げ出す　銃身の内腔から　焼けている砲弾を　さらに　弾丸を　〔燃えていない〕砲弾を　迫撃砲の数々を　大砲　小銃　防塁は変形され　軍隊はなぎ倒され　軍艦は粉砕された　だが　中国人は燃やすためにのみ　火薬を発明したのだ　彼らの花火を　彼らの光の星たちと噴水の数々を　色とりどりの彗星の滝の数々を　それらは火を地に置くのではなく　天を燃え上がらせた　ただめくるめく瞬間に　火は　投げられ　散らされ　火は　それ自身で　燃えているというよりも　燃やされたのだ

すくなくとも　それが　主張されていたことである　だが　今は知られている　知られているのだ「中國兵書集成 *Wujing zongyao*」なる魔術書の上で眼を焼かれたが

ために　中国人自身が10世紀末以前から用いていたことを　焼夷弾を　次いで　火炎放射器を　さらに　竹筒のロケットを　榴弾を　擲弾を　火付きの矢を　爆薬を投じる大型投石器を　帝国や王国の数々が　火に対して火を用い　戦い始めた時である　満州対宋　雷鳴成す装薬 *(pilipao)* と焼夷ロケット *(feihuo)* の最初の勝利　後に　太陽王のフランスでは　大砲にこう刻み込まれることになる　「王の〔力の〕究極の証明＝理由 *Ultima ratio regis*」と。

火　究極の理性　燃える理性の逸脱　それは　燃え上がらせ　灰にし　黒こげにするもろもろの皮膚を　もろもろの革を　木々を　収穫物の数々を　花々を　蕩尽する理性　征服への　支配への　焼け付くような理性　焼夷弾（震天雷 *zhentianlei*）と**鉄火砲**（tiehuopao）

天と地を絶え間なく打つ　火の筋の数々の　暴力的で恐るべき美の　怒りに燃え　怒り狂った理性

千の太陽による熱傷　目を眩ませる膨大な火花　そこで　火は光に　すなわち　闇の光となる　地と魂の曇りである灰の雨は　重く身を低める　黒　灰色　白の　ふわふ

わとした塊として　黒こげにされ　あぶられ　灰と帰し　ねじられ　不燃性の残存物と化した理性

だが　理性は　それにもかかわらず　深く入り込んでいるのだ　自然の秘密の諸々の奥義の中に　黒色火薬の硫黄という　また　燃焼によりすでに産み出された木炭それ自体という　引火性の資源の中に　黒色火薬を黒く色づける焼けた木　火の極限にあるような火の背後の暗闇　堅固で　ほこりに満ちた　夜　その夜の真中に　生じているのだ　炎が

お取りなさい　黒色火薬を、*here vapo vir con utri*　そして　硫黄を　こうした方法で　あなたは雷鳴を産むのだ、もし　あなたがそれを試みることができるならば。用意された親指大の少量の材料から　恐ろしい音とはげしい閃光が作られる。この爆発は生み出される　町や軍隊が破壊される可能性のある多くの方法によって。そもそもひとは　世界のすべての国々で　その実験を　小規模にではあるが繰り返しているそれらの国々で　ひとは用いているのだ　数々の遊びのなかで　打ち上げ花火や爆竹を。

このように　驚嘆すべき博士 *(doctor mirabili)* ベーコン僧侶は書いている　魔術的で　錬金術的な　恐るべき自然の可能性についての彼の著作のなかで　その鍵を　おそらく　彼〔ベーコン僧侶〕は見つけたのだ　コルドバのアラブ人の家で　彼らはすでに探すことに熱中していた　雷鳴を　雷と雷鳴の道を　それらの方法を　それらの原動力を　また　どのように天と地を爆発させるかを　どのように　諸々の物質の力の鎖をはずすかを　すでに沸き立っている　数々の火山の底で　もろもろの太陽の中心で　どのように燃え立たせるかを　地を　空気を　水を　どのように映し出すかを　再生するかを　まねるかを　この地上で　天の輝きを　どのように差し出すかを　錬金術の鏡 *(speculum alchemiae)* を　かつて　かの物理学者が導いたように　その磨かれたブロンズの彼の鏡の数々を　水の上から火を取る〔不可能をなそうとする〕船たちの方へと

＊　＊　＊

連続する爆発音と　砲撃の数々　煙　火事　燃え盛る火　火刑台　イルミネーション　ぱちぱち言う音　そして　うなるような音　火葬　荼毘　灰の散乱　高温による透化　溶解　火や血と化した　炎と魂の横溢

＊2：修道士バートルド・シュワルツは、通常、銃の発明者とされている。1354年が彼の発明の年とされている。ロジャー・ベーコンを知っていたと言われる。

＊3：16、17世紀に使用された大口径の重い歩兵銃

＊4：白は木などを切る道具

＊5：黒は大砲、赤は炎の色

＊6：ラテン：創世記1：3

フランシスコ会修道士であり　ヨーロッパのために発明した　このもう一人のバートルド・シュワルツ（Berthold Schwartz）＊2　それがゆえに　われわれは持つことができているのだ　小火器を　小銃を　ラッパ銃を　マスケット銃＊3　を小銃擲弾発射器を　ルヴァリン砲（小銃）を　火縄銃を　鉄砲を　短機関銃を　もはや白ではなく＊4　黒や赤の＊5武器　遠くへ打ち上げる武器を　火を　燃える麻くずを　ギリシャ黒色火薬のビチュームを　重い砲弾を　中空でない　あるいは中空の装薬を

そして　あいもかわらず　自然の秘密を　また　すべての形とあらゆる外形を破壊し浄化し溶解させる　燃焼の　抗しがたい秘密に打ち勝つ情熱を　あらゆる輪郭と対立する火　炉　鍛冶炉　かまど　燃え盛る火　地獄　永遠の燃焼　そこでは、罪が終わることなく　焼尽されている

聖なる山の高みにあるようなすべてのものは　自らを消尽することなく　焼く　声の発する茂みを　語る唯一者の声　「光あれ *fiat lux)*」＊6という光を燃え上がらせる言葉を述べる者の声が　発する　茂みを

また　すべての神々へと向かって　祭台から天まで登り行く　生贄たちの　あれらすべての火　光輝の喜びのうちに、最高位の王達の聖性に捧げられた　聖なる生贄たちの　浄化された素材　光輝さは光に満ち　そして深く入り込ませる　生贄たちのきつい香気を　死なずにいる者たちの鼻孔に　燃焼のなかで　生贄たちから盗み取られた贈与を　彼らの鼻孔に伝えつつ

ある巨人が　神々から奪い取った後に　人間になした　火というこの贈与　神のものであるこの贈与　神聖の　神の輝きの　神の情熱の　神の閃光のこの窃盗　なにも手付かずのままにはしないもの　という盗み　縮小され　生育を妨げられ　乾燥させられ　あるいは　しっかりと　壊され　破裂させられ　分割され　砕かれ　さらに　溶解され　液化され　溶かされたもの　という盗み

プロメテウス　盗人　真っ赤な輝きで深紅に染められた天　のなかの天　である火をもつ天という火を　天から盗んだ者　その真っ赤な輝きは天をなし　黒こげにされた地と　黒々とした山を　引き離す　その黒々とした山の上では　突き刺しているのだ禿鷹が　そのくちばしを　鎖につながれた盗人の　焼け続ける肝臓のなかに

だが　火そのものが　盗人なのだ　火はひとつの窃盗以外の何ものでもない　火はすべてをかすめ取り　そして　火それ自体が自己をかすめ取る

＊　＊　＊

絶え間なく　そして　いたるところで　神々に返されるべき　盗まれたこの火

*Xocolh-huetzi*と呼ばれる10ヶ月目は4月4日に始まった。この時、火の神、すなわち*Xuchten-hetli*の大祭典が多くの人間の生贄を伴って行われていた。炎のなかに、生きている人間たちが投げ込まれた。生贄たちは半ば焼かれたまま、まだ息のあるうちに、神の像の面前で、心臓が抜き取られた。その後、神殿の中庭の中央に一本の大きな木を植え、その木のまわりで、この祭りの創設者〔神〕にふさわしい、おびただしい儀式や生贄が行われていた。

火は、私が知っているすべてのインド部族において幸せの象徴である。火は、彼らがいろいろと考えをめぐらす前に燃やされている。「敵たちの火を消した」が意味しているのは、彼らにおいては、勝利を勝ち取るということである。彼らは火に聖なる性格を与えている。この聖なる性格はいたるところで彼らの使用法や慣習、特に彼らの宗教的なもろもろの儀式のなかで認められる。彼らは火

という物質とその諸現象について、一般的に、神秘的な考えを培っており、彼らはそれを超現実的なものとして見ている。彼らの夢のなかで、あるいはそれ以外の方法で、火が神秘的に立ち上がるのを見ること、それは、ひとつの魂の他の世界への通過の象徴なのである。実力者たち、あるいは守護する霊たちに相談する前に、あるいは、死んだ者たちに話しかける前に、彼らは聖なる火をともし始める。この火は、一個の小石から出なければならない、あるいは、落雷によって、あるいはなんらかのほかの方法によって、神秘的に彼らの元にやって来なければならない。普通の火をもって聖なる火をともすことは、彼らの間では、深刻で危険な違反として捉えられることなのであろう。北方のチーピウェイズたち（Chippeways）*7は、4日連続で、新しいそれぞれの墓に火をともす。彼らは言う、象徴的で聖なるこの火は、霊魂たちの国々の、人気のない、薄暗い通り道の死人たちの歩みを照らすのだ、と。これが、この民族における、この聖なる葬儀の火の起源である。わたしはこの伝統を、われらが尊敬すべき、優れたWatomica*8からの直接の言葉から知った、とDe Smet神父は書いている。*9

デルフォイでけして消されることのない火　ローマのヴェスタ神殿*10　豊かな髪が燃え盛り続ける牡牛にまたがったアグニ*11　ゼンド・アベスタ（Zend-Avesta）*12の火の儀式　炎と鍛冶炉のすべての神々　使徒たちや聖女 *theotokos**13の頭上の精霊の火の言葉

*7：アメリカインディアン種族

*8：De Smetのような西洋人と現地人の仲介役となるような現地人のこと

*9：Pierre-Jean De Smetによる1857年11月14日付の「火の礼拝」と題された書簡の中で書かれている内容である。R.P.De Smet 1801 - 1873

*10：ローマ神話：かまどの火をつかさどる神

*11：火の神 *(Agni)*

*12：ゾロアスター教の経典

＊13：聖母マリアと同一視されている

輝き＝火花を　ほとばしり出させるための　また　保つための　あれらすべての物語　あれらすべての祈り　あれらすべての聖なる行為　その輝き＝火花は　藁と小枝の中できらきらと輝き　その熱い愛撫をもろもろの乾いた葉に伝える　丁寧に並べられた小枝に　さらに薪に　やがて　木の幹全体に　そして　神々の　祭司たちの　王たちの　祝宴のためにあぶるようにと置かれた牛から　ヤギから　人間から　子羊から流れる油に

オイルランプからの　また　藁や松脂のたいまつからの　あれらすべてのイルミネーション　あれらすべてのかまど　水を　寝床を　暖めるために焼けている　あれらの石　力と輝きのあの増加　もろもろの材料のあの変形　あの焼成　あの蒸発　あの蒸留

＊　＊　＊

そして　あらたなる　輝き　火の子　燃えさし　消し炭　赤みを帯びた輝き　火の潜んだ力の　表面からは見えない　いわば　突然の伝達　深紅色に光り輝くルビーの宝

石の数々　オレンジ色にきらめく碧玉　玉虫色のクリスタル　血と　肉の色　心臓の色をした赤いガーネットで色づけされた噴水　火の粉と煤煙の噴水からできた　いくつもの太陽による　冷たい火傷

愛の　勇気の　勇ましさの　熱傷　情熱の　狂気の色　おきが落ちる他者の耳元までの空間を越える前に　燃え上がり　焼かれ　黒こげになる言葉　その落ちるおきは耳を鋭敏にし　耳をもはや平静なままにはせず　新たに捜させるのだ　火の言葉の数々を　すべての端から　それらの言葉の意味を焼く　言葉の数々を

無数の言葉の火傷　真理の真っ赤な光　目をくらませる真理の太陽　それは立ち上がる　天の中心で　地の中心の上空で　そして　火傷を　光を　炎を　電波させるすべての方向で

熱傷　光　炎　それぞれが貪り食っている　他者を　そして　すべての言葉を
そして

鬼火

鬼火は腐乱した有機体の素材からやって来る、それらの素材は、メタン CH_4 の、diphosphine P_2H_4 の、リン化水素 hydrogène phosphoré（ホスフィン phosphine）PH_3 の大きな気泡を引き出す、ごく少量の液体状のリンカ水素 PH_2 により、空気中で自然に燃焼可能となったものである。鬼火という実体に関して、おそらくこの説明は真実である、この大気現象が、ときとしてこの現象の後に残すリンの香りがその証拠であるが、この説明は諸事実と最後まで一致するわけではない。実際、鬼火は瞬間的な微光ではなく、10、20、30秒、そしてまれであるとしても、数分間輝くことができ、煙を生み出さず、その鬼火が置かれている乾燥した草を燃やさず、焦がしもない。鬼火を構成しているガスのなかで、リン化水素 hydrogène phosphoré liquide あるいはメタンの割合は、低すぎて、空気中の自然発火を導くことはできないということ、また、大気現象は、その色もまたそのことを暗示しているように、燐光の形でただ輝いているのだということを必然的に認めなければならない。

火　狂気　ギリシャ黒色火薬　聖エルムのエスプリの火

1493年10月14日の夜、雨が降り、とてもはげしく雷鳴がとどろいた。そのとき聖

エルムが、7本の火の付いた大ろうそくを手にして、トガンスルマストの上に現れた。〔...〕するとすぐに建物の上で、軍隊が連祷や祈祷の数々を歌うのが聞こえてきた、それは、海の男たちは、聖エルムが現れるや、嵐の危険は過ぎているのだ、ということを、信じていたからである。
（息子によるクリストフ・コロンブスの物語）

まなざしの火　言説の火　常に火の真理はこのこと、すなわち、火は残りを燃やしつつ、それ自体が自己を焼き尽くし、火はその炎の端に、世界の最後の燃焼、ゼノンとクレアンテスの *ekpurosis**14 を持っているという、燃やすことのできないかの真理であり続けている。クレアンテスにとってゼウスは、火そのもの、常に焼けている雷であり、自然のなかのすべては、大きな炎や小さな炎に混じってすべてのものを超えて流れている共通の理性である、ゼウスの打撃の数々によって震えているのだ

そして　魂もまた　ゼノンと言われるひとつの火なのであり　火は　ひとつの魂であり　魂は　身体を焼きつつ　自己を焼き尽くす　そして　この焼尽こそが　火の礼拝において　同じやり口で　あがめられているものなのである　ペルシア人たち　ゾロアスター教徒　バヤン人たち　そして　天と地獄を　火の礼拝においてあがめている

*14：ストア派において用いられた語、最後の燃えるような輝き、大火

すべての者たちによって　その火の中では　地獄が焼尽されているのである　天の炎で　あるいは

もうひとつの〔地獄の〕炎で　それは　赤熱した同じ火薬のもうひとつの導火線から出る　同じ炎なのだ

きわめて輝かしい名をもつ　真実のもの　アグニ　夜に輝くアグニ　光輝くもの　暖かいもの　生気を与えるものアグニ　そして　神々の道　神道上で　燃えているドラゴン　龍神　そして　陰（Yin）の冷たい水の周辺で　燃え上がる陽（Yang）の熱い息

そして　われわれの目は　炎の紫や金の花々のなかで　失われている　われわれが見ているすべてを焼く火で満たされた目が

冷たい火傷　イルミネーション　めまい　炎　あらゆる可燃性のものを逃れた手付かずの処女　そして　真理に狂い　それは焼くのだ

夜中に　ときとして　われわれがまぶたのしたにそれを迎え受けるように

後記

　日本人である私にとって、フランス語は困難を抱えながら読み進めなければならない言語である。ましてや、ナンシーのテキストはフランス語が母語である専門家たちの間でさえ、かなりの困難をもって読まれるものの一つであることは確かであろう。
　だが、それにもかかわらず、彼のテキストを前にすると、まず最初に眺めた段階で琴線に触れてくることが良くある。こうしたことは、母語である日本語で書かれたものを熟読したとしても、頻繁には起きないことである。

　彼の元で学んだかつての学生たちの中では、私は彼の弟子という名にはとても値しない方向に進んでおり、とびぬけて優れた教師でもある彼の期待を裏切り続けたことは疑いないのだが、手紙やメールだけとはいえ、長いやり取りの間に、教師であった彼は、私のような形の定まらないアメーバのような生き方をしている者に対して、歩調を合わせることを楽しんでくれるようになり、私の見た夢

の話や、勘違いやフランス語でのいい違いをめぐってイメージの連鎖の遊びを延々と繰り返してくれたりする中で、私の嗜好を感じ取ってくれているのか、ときどきこうして送ってきてくれるテキストを読むと、理解以前に何かがぴたりと私の嗜好のようなものにはまる感覚を覚えることがある。

　ここに選ばせていただいた二つのテキストは、私にとって、まさにそうした類のものであった。

　それにもかかわらず、私が奇異に思え、しかも、そのこと自体に感動したのは、彼がこの二つのテキストの結合のために寄せてくれた序文の内容である。

　私が最初、奇異に感じたのは、まず、彼自身がある奇異さを感じていることであった。つまり、これら二つのテキストの結合が当然のことだとは言えないわけなのだが、それを結びつけようとした私の意図の裏づけをするための序文を彼が書くという奇異さである。

そう言われてみれば、なるほど、その通りである。これほど奇異なことはあるまい。

　そう指摘されてみて、改めて考えさせられたのは、彼がこの意図を当然のものと捉えるに違いないと信じていたわたしの確信がどこから来ていたのか、ということである。
　わたしは、この結合が当然のことだと信じていたのである。その確信について、次のような表現が一番近いような気がする。

　ある種の会話が成立していると、わたしは信じていたのである。わたしは、これらのテキストが、対になるものとしか思っていなかった。同じものの表裏をなすようなものである、と。それがゆえに、全く正反対の姿を見せているのだ、と。そのものずばりの姿を隠すために、打ち消しあうような正反対の姿を見せて敵を欺いているようなものなのだ、と。

順序から言うと、ナンシーが最初にメールで送って来てくれたのは、「近接した地点にて（A l'approche）」であった。その時点での題名は「接近（L'approche）」とされていて、何のコメントも添えられてはいなかった。私はまず文章の美しさのようなものに惹かれたので、訳を試みさせていただこうと思い、その意向をナンシーに知らせたところ、OKを出してはくれたのだが、これだけでは一冊の訳書とするのに、短すぎることは明らかだったので、それに加えるのに良さそうなものを探し始めたときに再びメールで送って来てくれたのが「火」であった。

　それは、書き上げられたばかりで、手付かずのような「火」であった。まさに生まれたばかりであるかのように、飼いならされていない火であった。
　テキストに目を落とすなり、火が飛び跳ねる様が見えるような感覚を覚えた。句読点がないために、すんなりと読めるようなものではなかったが、火が飛び跳ねるような凝縮したエネルギーを感じさせる文体と、厳選された語彙郡から、まさに火というものの原型を

目の前にしているような気分になった。

　そして、そこには、次のようなコメントが添えられていた。これはきわめて難しいテキストであり、フランス語には「水から火を取る」という表現があり、それは、不可能さを意味しているのだ、と。

「接近」の方は、湖水という題材から、水がそこにぴんと張り詰めたような、静的なイメージを用いながら、そこに近づく不可能性をあらわそうとしているのに対し、「火」の方は正反対で、火が火で無くなる瞬間まで、それは動き続け、動性そのものであるが、やはりそれに完全に近づくことはできない。
　また、これら二つのテキスト同士が、「水から火を取る」という意味合いから、一体となることの不可能さをあらわしている。
　それゆえに、これら二つは並列して組まれる理由があるのだと、私は、彼がこの二つ目のテキストを送って来てくれたときに、咄嗟に思い込んだのである。

個人的には、「火」の方が訳すのに難しそうに思えたにもかかわらず、マラルメの散文に触れているようでもあり、このテキストを目にしていること自体がとてもうれしく、すぐさま「翻訳の件を願い出て本当に良かったです。それは、あなたが「火」を送って来てくれたからです。」と書き送ると、「それじゃおやりなさい！」という返事をいただいた。

　要するに、これは私の完全な勘違いだったのかもしれない。
つまり、これら二つのテキストを同時に同じ訳本の中で発表するのが当然であり、彼はそのために「火」を送って来てくれたのだと私は思い込んでいたのである。
　あるいは、ナンシー自身が、私が信じていた意図をその時点では持っていた可能性もあるかもしれない。

　大学の職を退かれてからのナンシーはさらに執筆や講演活動で多忙を極めておられるから、忙しさゆえに、このことが忘却のかなた

に押し込められてしまっている可能性もある。だが、最初から、そうした意識が全く無かったという可能性もある。

　つまり、わたしが成立していたと思い込んでいた会話自体が存在しないものであったのかもしれないし、ゆえに、完全に私の勘違いから当然のものとして、ここに、こうした形での結合が提出されてしまったという可能性もある。

　だが、私としては、たとえそうであったとしても、この勘違いを歓迎したい気持でいるし、また、ナンシー自身が私の書き送ったものの中で、特によく興味を示してくれることの一つに、私の勘違いがあることを考えると、これは何か生かされるべきものとして、放置されても良いものではないかと、勝手ではあるが思わせていただくこととした。

　それこそ、彼が序文の中で書いてくれている、新しい、もう一つのエレメントの可能性であるかもしれないからである。

つまり、それは、作者の彼自身も、企てた訳者の私自身も知らないものであり、そのエレメントは、それぞれの背後に知らずに控えていたいくつもの重なり合う背景が、私たちの顕在意識を勝手に通過して、会話をしていたようなもので、その産物として、ここにひとつのエレメントが提出されている、という形を取っているのかもしれない。

　ただ、たとえそうであったとしても、そのエレメントが何なのかを断定する任に私が堪えるとは思えないので、それが何なのかは、このエレメント自体として響かせておくこととしたい。

　ただ、そのことについて私なりに感じられることは、この一冊の訳書の中にあらわれている水と火という、不可能なもの同士が、一方から他方へと、「水から火を取る」ように、移行し且つ結合しようとする、このエレメントが、永遠のトランスポールであり、その移行と結合が行われること自体があらわれようとする瞬間に、不可

能な闇の中に、現れると同時に消えていく火花のようなものなのではないか、ということである。

　また、あるいは、ここに少しばかり浮上している、不可思議だとも言えるかもしれない一つの会話そのものが、会話というもの自体の片鱗をこの火花とともに、きらめかせて見せてくれていたのかもしれない。

　企画の段階から最後まで、私のイメージ的な説明に終始苦しみながらも、快く出版を承諾して下さった現代企画室と、編集長の太田昌国氏の許容力の広さに、心からお礼を申し上げたい。
　また、中国語の発音表記の訳でつまづいていた際に大西雅一郎先生を通して、張競先生にご助力をいただいた。さらにラテン語の表記について、島崎貴則先生からご助言をいただいた。諸先生方にもまた深くお礼を申し上げたい。

2008年秋　吉田晴海

【著者紹介】

ジャン=リュック・ナンシー（Jean-Luc NANCY）

1940年生まれ。ストラスブール・マルク=ブロック大学名誉教授。特にハイデガーが解明した実存の二重性をなす共存在・共同性と独異性・単独性の共有=分割（パルタージュ）という問題系を徹底化させることで、西洋形而上学・存在神論における身体性やテクネーの否認を脱構築し、出来事が真に到来しうるような世界、表象作用に還元されえないイマージュが現前しうるような世界、絶対的に切り離された単独者が、その絶対性=分離性のままに、"芸術的"に、触れ合うことが起きるような世界の創造—主体ならざる自己の触発、無カラノ創造——の可能性を素描し続けている。邦訳書に、『エゴ・スム』（朝日出版社）、『無為の共同体』、『侵入者』、『イメージの奥底で』（以上、以文社）、『共同一体（コルプス）』、『声の分割（パルタージュ）』、『哲学の忘却』、『神的な様々の場』、『訪問』、『映画の明らかさ』、『複数にして単数の存在』（以上、松籟社）、『肖像の眼差し』（人文書院）、『自由の経験』、『私に触れるな——ノリ・メ・タンゲレ』（以上、未来社）、『ヘーゲル』、『世界の創造あるいは世界化』、『哲学的クロニクル』、『脱閉域　キリスト教の脱構築1』（以上、現代企画室）、『作者の図像学』（筑摩書房）、フィリップ・ラクー=ラバルトとの共著『ナチ神話』、ジャン=クリストフ・バイイとの共著『共出現』（以上、松籟社）、『遠くの都市』（青弓社）、マチルド・モニエとの対話『ダンスについての対話　アリテラシオン』、編著『主体の後に誰が来るのか？』（以上、現代企画室）などがある。

【訳者紹介】

吉田晴海（よしだ　はるみ）

フランス・ストラスブール大学哲学科DEA取得。現在、フランス語翻訳者。訳書に、ジャン=リュック・ナンシー『世界の創造　あるいは世界化』（共訳、現代企画室）、フィリップ・ラクー=ラバルト『メタフラシス—ヘルダーリンの演劇』（共訳、未来社）など。

水と火

発行	2009年5月20日　初版第1刷　1000部
定価	2,200円＋税
著者	ジャン=リュック・ナンシー
訳者	吉田晴海
装丁	本永恵子
発行者	北川フラム
発行所	現代企画室
	150-0031　東京都渋谷区桜丘町 15-8-204
	Tel.03-3461-5082 Fax.03-3461-5083
	e-mail:gendai@jca.apc.org
	http://www.jca.apc.org/gendai/
印刷所	中央精版印刷株式会社

ISBN978-4-7738-0905-3 C0010 ¥2200E

© Harumi YOSHIDA, 2009, Printed in Japan